AF219556

Impressum
Verlag: BABADADA GmbH, Nedderfeld 112 , 22529 Hamburg
Geschäftsführer / Verlagsleitung: Harald Hof
Druck: Books on Demand GmbH, In de Tarpen 42, 22848 Norderstedt

Imprint
Publisher: BABADADA GmbH, Nedderfeld 112 , 22529 Hamburg, Germany
Managing Director / Publishing direction: Harald Hof
Print: Books on Demand GmbH, In de Tarpen 42, 22848 Norderstedt, Germany

la escuela
shkolla

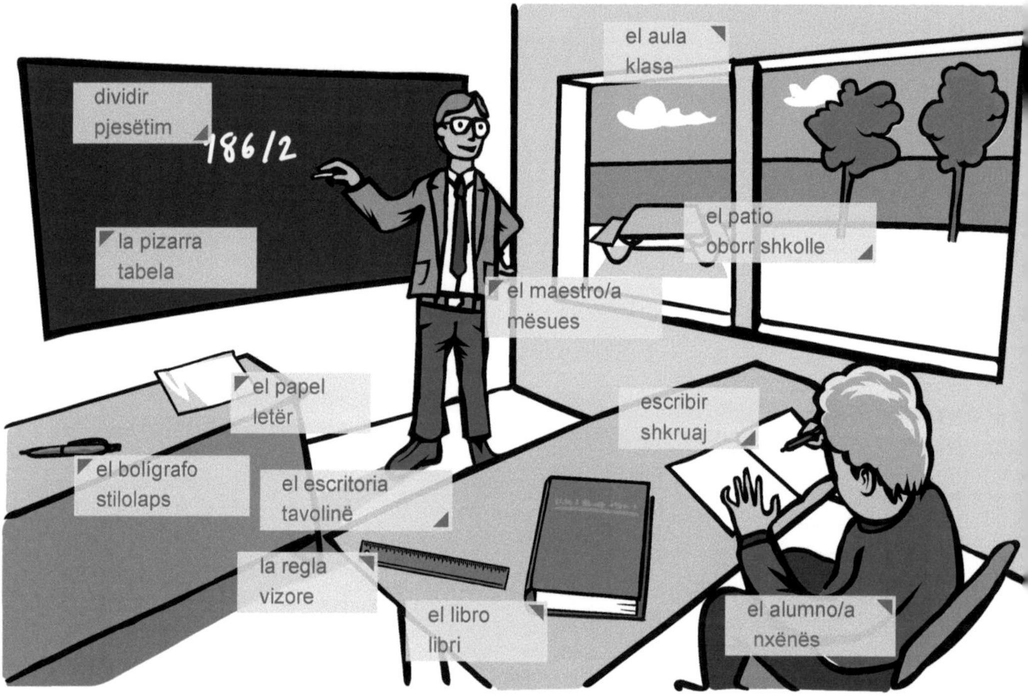
el aula
klasa
dividir
pjesëtim
186/2
la pizarra
tabela
el patio
oborr shkolle
el maestro/a
mësues
el papel
letër
escribir
shkruaj
el bolígrafo
stilolaps
el escritoria
tavolinë
la regla
vizore
el libro
libri
el alumno/a
nxënës

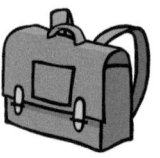

la cartera
çantë

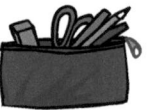

la caja de lápices
mbajtëse lapsash

el lápiz
laps

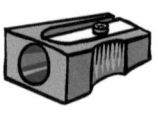

el sacapuntas
mprehës lapsash

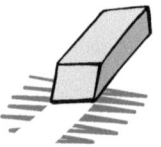

la goma de borrar
gomë

el cuaderno de dibujo
fletore vizatimi

el dibujo

vizatim

el pincel

penel

la caja de pinturas

kuti bojërash

las tijeras

gërshërë

el pegamento

ngjitës

el cuaderno de ejercicios

fletore detyrash

los deberes

detyrë shtëpie

el número

numër

sumar

mbledh

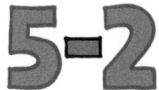

restar

zbres

multiplicar

shumëzoj

calcular

llogaris

la letra

gërmë

el alfabeto

alfabeti

la palabra

fjalë

el texto

tekst

leer

lexoj

la tiza

shkumës

la lección

mësim

el cuaderno de notas

regjistër

el examen

provim

el certificado

çertifikatë

el uniforme

uniformë shkolle

la educación

arsimim

la enciclopedia

enciklopedia

la universidad

universitet

el microscopio

mikroskop

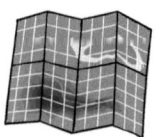

el mapa

hartë

la papelera

kosh letrash

el viaje

udhëtim

el hotel
hotel
Grand
el albergue
bujtinë
ROOMS
oficina de cambio de divisas
ë këmbimi valutor
CHANGE
la maleta
valixhe
el coche
makinë

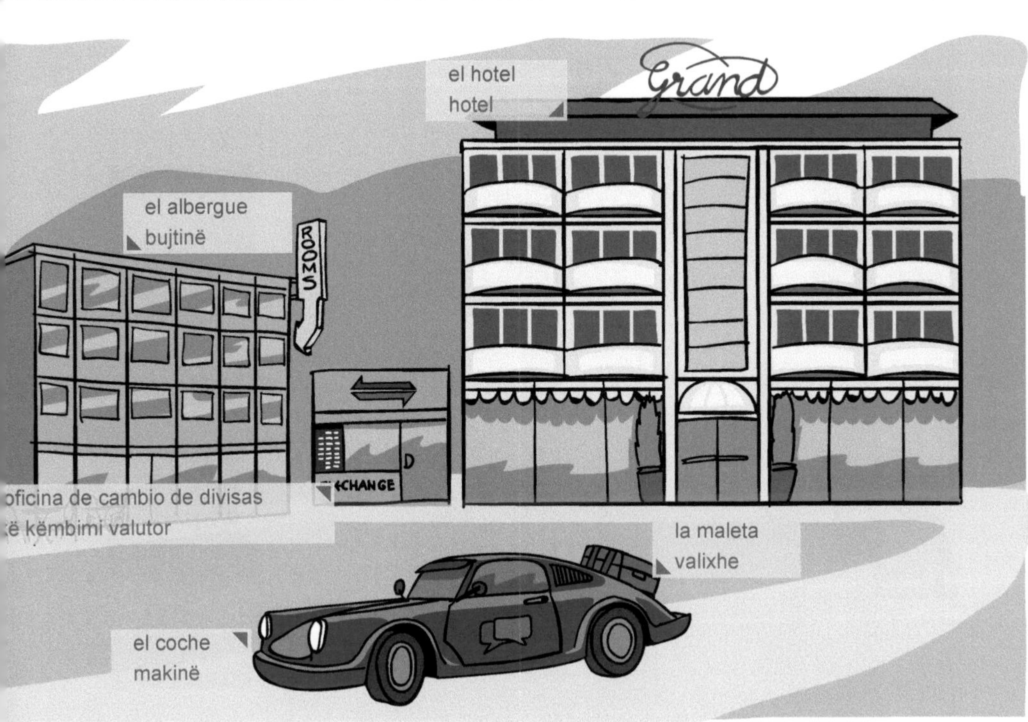

el idioma

gjuhë

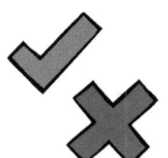

sí / no

po / jo

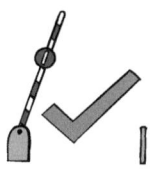

Vale

Në rregull

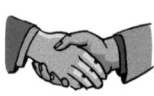

hola

ç'kemi

el traductor

përkthyes

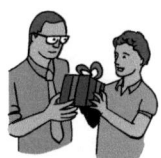

Gracias

Faleminderit

¿cuánto es...?

sa kushton...?

No entiendo

nuk e kuptoj

el problema

problem

¡Buenas tardes!

Mirëmbrëma!

¡Buenos días!

Mirëmëngjes!

¡Buenas noches!

Natën e mirë!

adiós

mirupafshim

la dirección

drejtim

el equipaje

bagazhet

la bolsa

çantë

la mochila

çantë shpine

el invitado

mysafir

la habitación

dhomë

el saco de dormir

thes gjumi

la tienda de campaña

tendë

el viaje - udhëtim

la información turística

informacion për turistët

la playa

plazh

la tarjeta de crédito

kartë krediti

el desayuno

mëngjes

el almuerzo

drekë

la cena

darkë

el billete

Biletë

el ascensor

ashensor

el sello

pulla

la frontera

kufi

la aduana

doganë

la embajada

ambasadë

la visa

vizë

el pasaporte

pasaportë

el transporte

transport

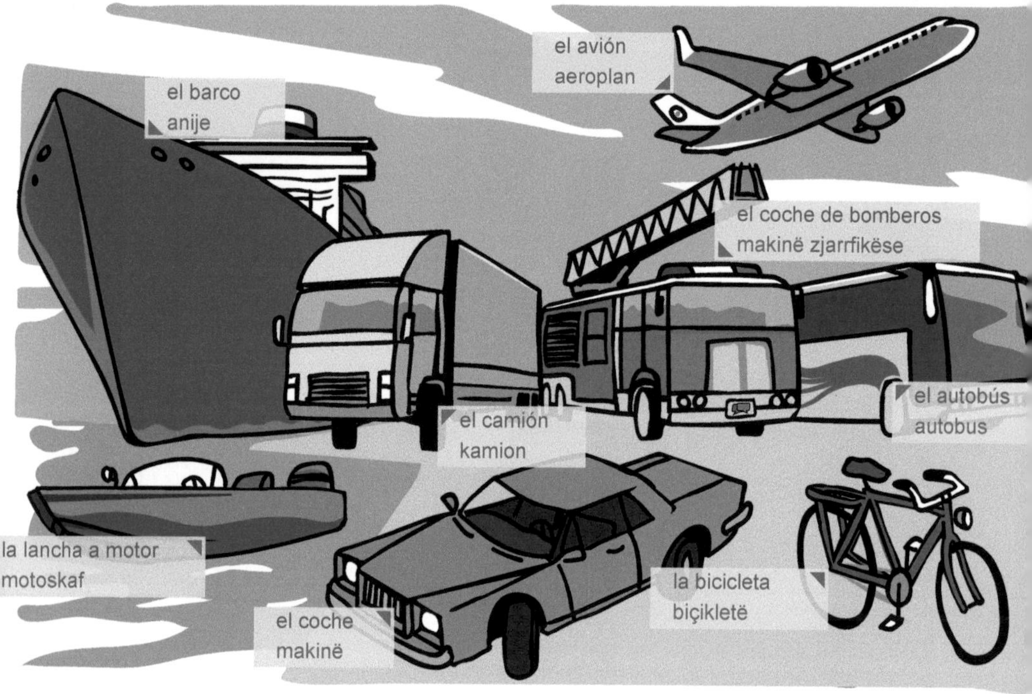

el avión
aeroplan
el barco
anije
el coche de bomberos
makinë zjarrfikëse
el autobús
autobus
el camión
kamion
la lancha a motor
motoskaf
la bicicleta
biçikletë
el coche
makinë

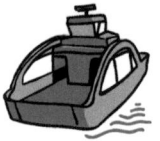

el transbordador

traget

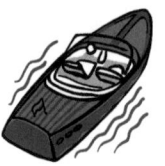

la barca

varkë

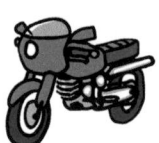

la moto

motoçikletë

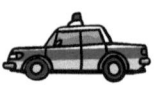

el coche de policía

makinë policie

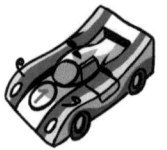

el coche de carreras

makinë garash

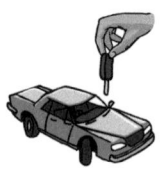

el coche de alquiler

makinë me qira

el préstamo de vehículos

darje e qirasë së makinës

la grúa

karroatrec

el camión de la basura

makinë plehrash

el motor

motor

la gasolina

benzinë

la gasolinera

pikë karburanti

la señal de tráfico

sinjalistikë trafiku

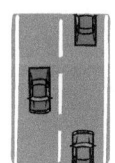

el tráfico

trafik

el atasco

bllokim trafiku

el aparcamiento

parkim makinash

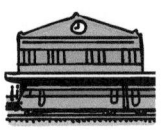

la estación de tren

stacion treni

las vías

trase

el tren

tren

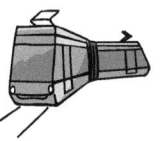

el tranvía

tramvaj

el vagón

karro

el helicóptero

helikopter

el aeropuerto

aeroport

la torre

kullë

el pasajero

pasagjer

el contenedor

kontenier

la caja de cartón

kuti kartoni

la carretilla

qerre

la cesta

shportë

despegar / aterrizar

ngrihem / ulem

la ciudad
qytet

el pueblo

fshat

el centro de la ciudad

qendra e qytetit

la casa

shtëpi

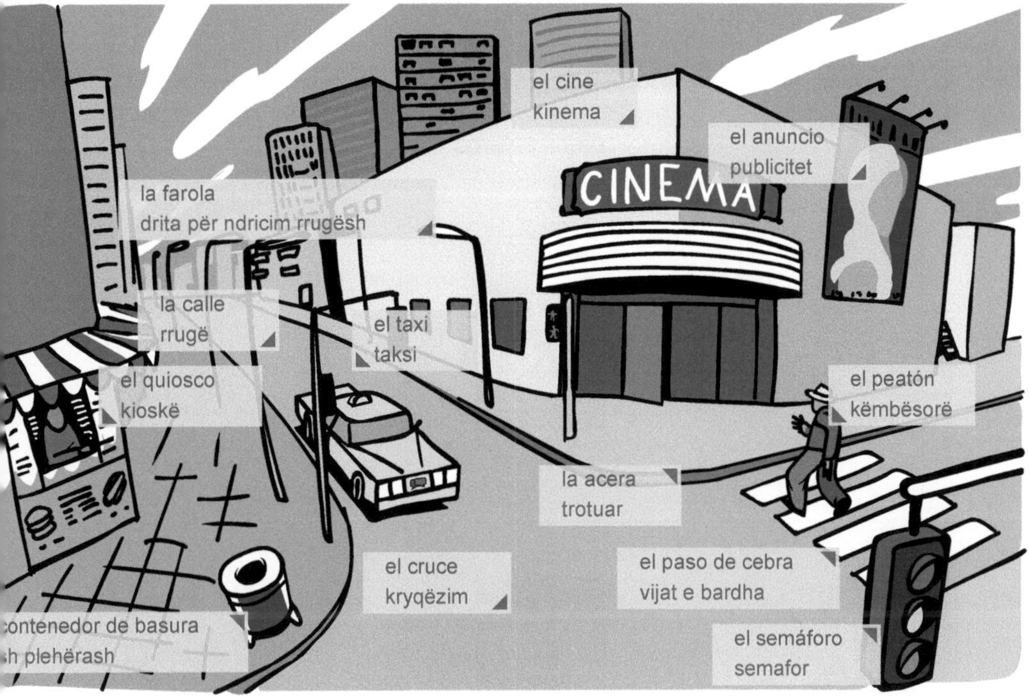

el cine
kinema

el anuncio
publicitet

la farola
drita për ndricim rrugësh

CINEMA

la calle
rrugë

el taxi
taksi

el quiosco
kioskë

el peatón
këmbësorë

la acera
trotuar

el cruce
kryqëzim

el paso de cebra
vijat e bardha

:ontenedor de basura
:h plehërash

el semáforo
semafor

la cabaña
....
kasolle

el apartamento
....
apartament

la estación de tren
....
stacion treni

el ayuntamiento
....
bashki

el museo
....
muze

la escuela
....
shkolla

la universidad

universitet

el banco

bankë

el hospital

spital

el hotel

hotel

la farmacia

farmaci

la oficina

zyrë

la librería

librari

la tienda de campaña

dyqan

la floristería

dyqan lulesh

el supermercado

supermarket

el mercado

market

los grandes almacenes

mapo

la pescadería

dyqan peshku

el centro comercial

qëndër tregtare

el puerto

port

el parque

park

el banco

stol

el puente

urë

las escaleras

shkallë

el metro

metro

el túnel

tunel

la parada de autobús

stacion autobuzi

el bar

bar

el restaurante

restorant

el buzón

kuti postare

el poste indicador

sinjalistikë rrugore

el parquímetro

kohëmatës parkimi

el zoo

kopsht zoologjik

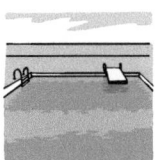

la piscina

pishinë

la mezquita

xhami

la granja

fermë

la contaminación

ndotje

el cementerio

varrezë

la iglesia

kishë

el patio de juego

shesh lojërash

el templo

tempull

el paisaje

peisazh

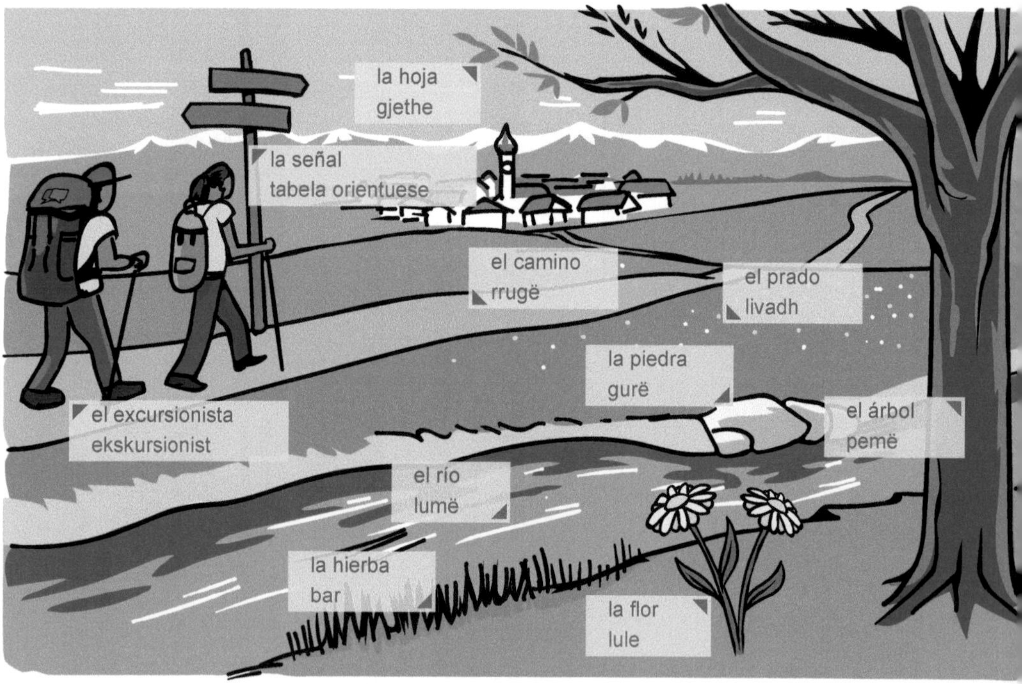

la hoja
gjethe

la señal
tabela orientuese

el camino
rrugë

el prado
livadh

la piedra
gurë

el excursionista
ekskursionist

el árbol
pemë

el río
lumë

la hierba
bar

la flor
lule

el valle

luginë

la colina

kodër

el lago

liqen

el bosque

pyll

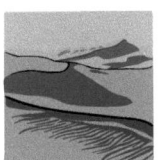

el desierto

shkretëtirë

el volcán

vullkan

el castillo

kështjellë

el arcoíris

ylber

el champiñón

kepudhë

la palmera

palmë

el mosquito

mushkonjë

la mosca

mizë

la hormiga

milingonë

la abeja

bletë

la araña

merimangë

el escarabajo

brumbull

la rana

bretkosë

la ardilla

ketër

el erizo

iriq

la liebre

lepur

la lechuza

buf

el pájaro

zog

el cisne

mjellmë

el jabalí

derr i egër

el ciervo

dre

el alce

dre brilopatë

la presa

digë

la turbina eólica

turbinë ere

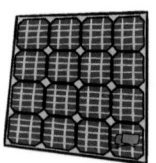

el panel solar

panel diellor

el clima

klimë

el restaurante
restorant

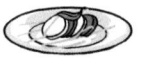

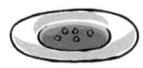

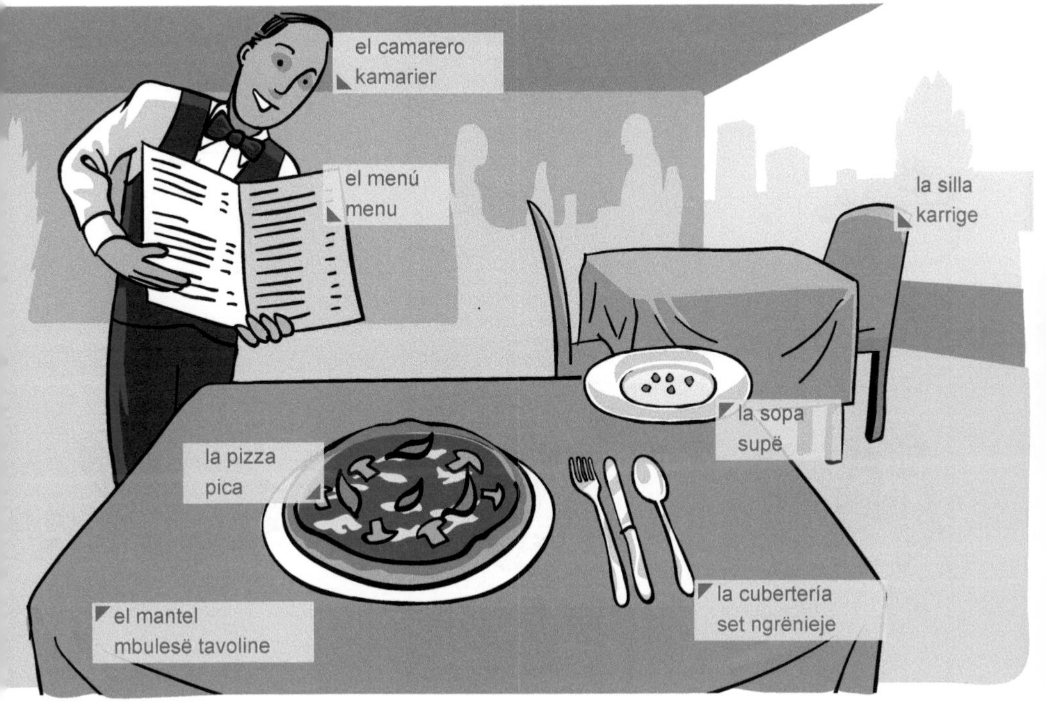

el camarero
kamarier
el menú
menu
la silla
karrige
la sopa
supë
la pizza
pica
la cubertería
set ngrënieje
el mantel
mbulesë tavoline

el primer plato

pjatë e parë

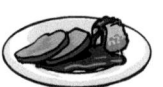

el plato principal

pjatë kryesore

el postre

ëmbëlsirë

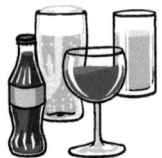

las bebidas

pije

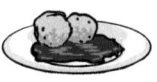

la comida

ushqim

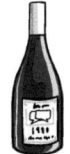

la botella

shishe

la comida rápida

ushqim i shpejtë

la comida callejera

ushqim i shërbyer në rrugë

la tetera

ibrik çaji

el azucarero

kuti sheqeri

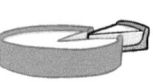

la porción

racion

la cafetera expreso

makinë kafeje ekspres

la trona

karrige e lartë

la cuenta

faturë

la bandeja

tabaka

el cuchillo

thika

el tenedor

pirun

la cuchara

lugë

la cucharilla

lugë çaji

la servilleta

pecetë

el vaso

gotë

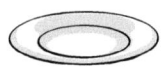

el plato
pjatë

el plato hondo
pjatë supe

el platillo
pjatë filxhani

la salsa
salcë

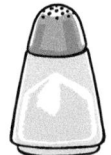

el salero
mbajtëse kripe

el molinillo de pimienta
mulli piperi

el vinagre
uthull

el aceite
vaj

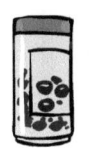

las especias
erëza

el ketchup
keçap

la mostaza
mustardë

la mayonesa
majonezë

el supermercado
supermarket

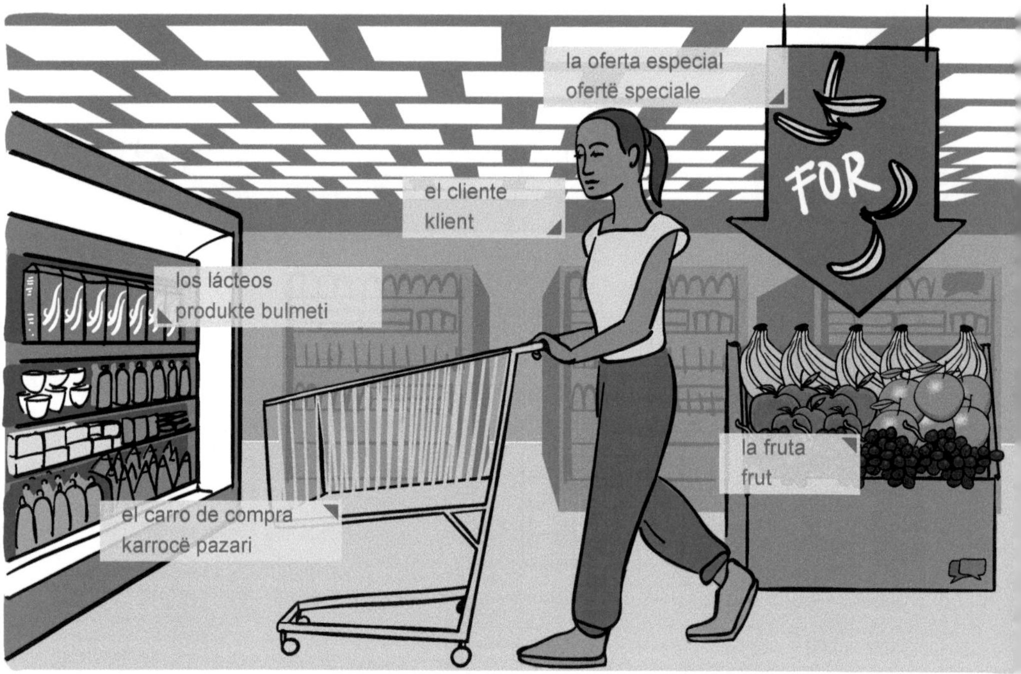

la oferta especial
ofertë speciale
FOR
el cliente
klient
los lácteos
produkte bulmeti
la fruta
frut
el carro de compra
karrocë pazari

BUTCHERS

la carniceria

dyqan mishi

BAKERY

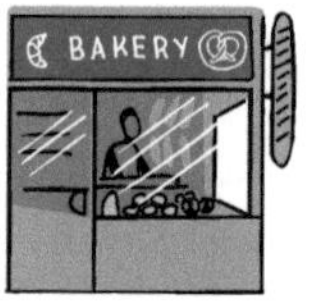

la panadería

furrë buke

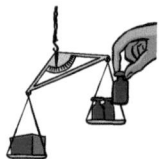

pesar

peshoj

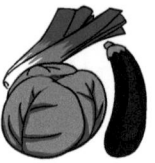

las verduras

perime

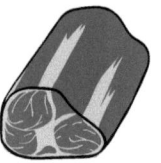

la carne

mish

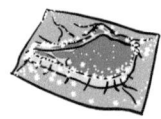

los alimentos congelados

ushqim i ngrirë

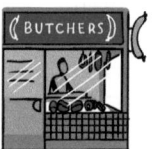

los fiambres

copë

las conservas

ushqim i konservuar

el detergente en polvo

pluhur larës

los dulces

ëmbëlsirat

productos de uso doméstico

prodhime shtëpie

productos de limpieza

produkte pastrimi

la vendedora

shitëse

la caja de cartón

kasë fiskale

el cajero

arkëtar

la lista de la compra

listë blerjeje

el horario de atención al público

oraret e punës

la cartera

portofol

la tarjeta de crédito

kartë krediti

la bolsa de plástico

çantë

la bolsa de plástico

qese plastike

el supermercado - supermarket

el agua

ujë

el zumo

lëng frutash

la leche

qumësht

la cola

koka-kola

el vino

verë

la cerveza

birrë

el alcohol

alkool

el cacao

kakao

el té

çaj

el café

kafe

el expreso

kafe ekspres

el capuchino

kapuçino

el plátano

banane

la manzana

mollë

la naranja

portokalle

el melón

pjepër

el limón

limon

la zanahoria

karrotë

el ajo

hudhër

el bambú

bambu

la cebolla

qepë

el champiñón

kërpudha

las avellanas

arra

los fideos

makarona

las espagueti

spageti

el arroz

oriz

la ensalada

sallatë

las patatas fritas

patate të skuqura

las patatas fritas

patate të skuqura

la pizza

pica

la hamburguesa

hamburger

el sándwich

sanduiç

el filete

shnicel

el jamón

proshutë

le salami

sallam

la salchicha

salçiçe

el pollo

pulë

el asado

skuq

el pescado

peshk

los copos de avena
tërshërë

el muesli
drithëra

los copos de maíz
kornfleiks

la harina
miell

el cruasán
kruasant

el panecillo
panine

el pan
bukë

la tostada
tost

las galletas
biskotë

la mantequilla
gjalp

la cuajada
gjizë

el pastel
tortë

el huevo
vezë

el huevo frito
vezë sy

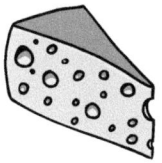

el queso
djathë

el helado

akullore

el azúcar

sheqer

la miel

mjaltë

la mermelada

marmaladë

la crema de turrón

çokokrem

el curry

këri

la granja
fermë

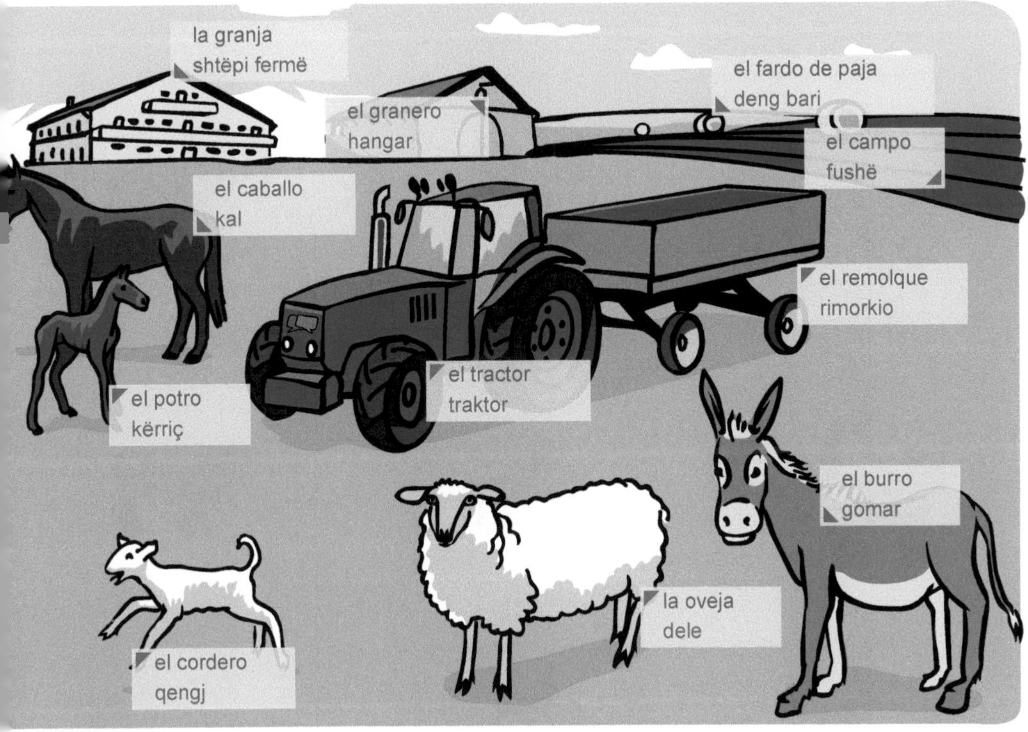

la granja
shtëpi fermë

el fardo de paja
deng bari

el granero
hangar

el campo
fushë

el caballo
kal

el remolque
rimorkio

el potro
kërriç

el tractor
traktor

el burro
gomar

la oveja
dele

el cordero
qengj

la cabra

dhi

la vaca

lopë

el ternero

viç

el cerdo

derr

el cerdito

derrkuc

el toro

dem

el ganso
patë

el pato
rosë

el pollo
zog pule

la gallina
pulë

el gallo
gjel

la rata
mi

el gato
mace

el ratón
mi

el buey
buall

el perro
qen

la perrera
kolibe qeni

la manguera
zorrë vaditëse

la regadera
vaditëse

la guadaña
kosë

el arado
plug

la granja - fermë

la hoz

drapër

la azada

shat

la horca

kosa

el hacha

sëpatë

la carretilla

karrocë

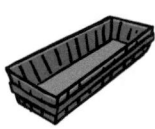

el abrevadero

govatë

la lechera

bidon qumështi

el saco

thes

la valla

gardh

el establo

ahur

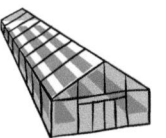

el invernadero

serë

el suelo

dhe

la semilla

farë

el fertilizador

pleh

la cosechadora

autokombanjë

cosechar

korr

la cosecha

te korrat

el ñame

patate e ëmbël "Yam"

el trigo

grurë

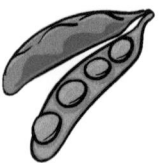

el soja

soja

la patata

patate

el maíz

misër

la semilla de colza

raps

el árbol frutal

pemë frutore

la mandioca

zhardhok manioku

las cereales

drithëra

la casa
shtëpi

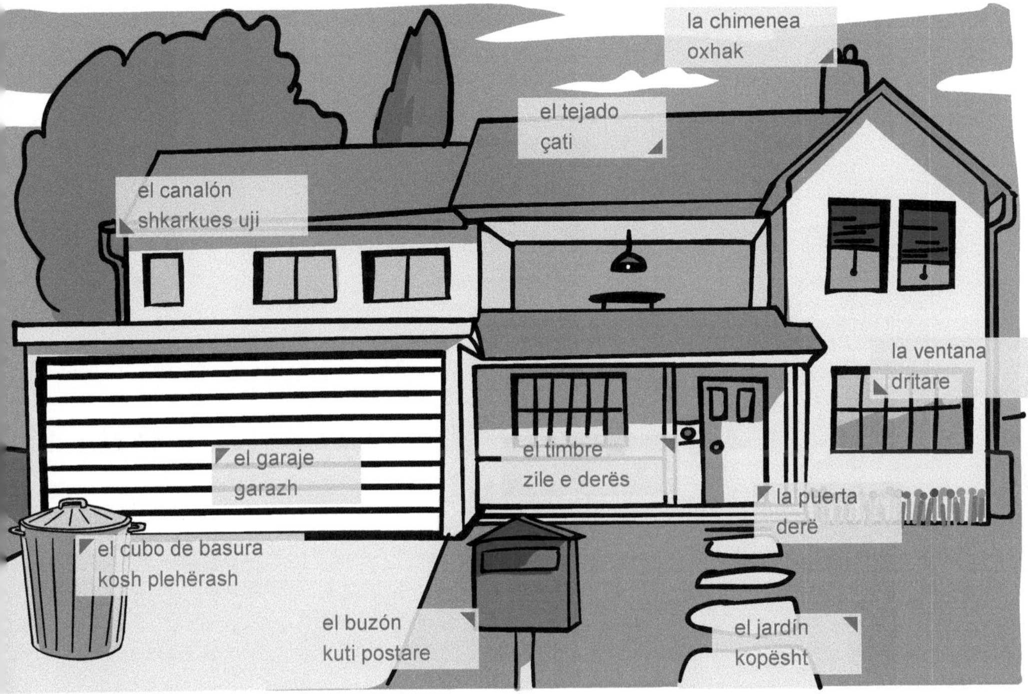

la chimenea
oxhak
el tejado
çati
el canalón
shkarkues uji
la ventana
dritare
el garaje
garazh
el timbre
zile e derës
la puerta
derë
el cubo de basura
kosh plehërash
el buzón
kuti postare
el jardín
kopësht

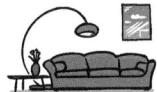

la sala

dhomë ndenjeje

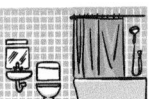

el cuarto de baño

tualet

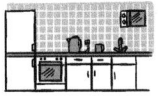

la cocina

kuzhinë

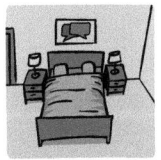

el dormitorio

dhomë gjumi

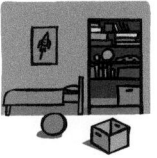

la habitación de los niños

dhomë fëmijësh

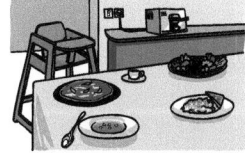

el comedor

dhomë ngrënieje

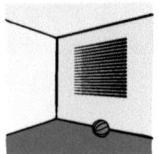

el suelo
dysheme

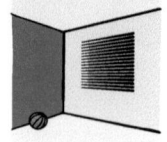

la pared
mur

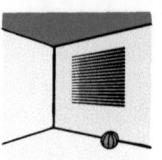

el techo
tavan

el sótano
bodrum

la sauna
sauna

el balcón
ballkon

la terraza
tarracë

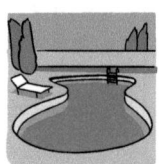

la piscina
pishinë

el cortacésped
kositëse bari

la sábana
çarçaf

la colcha
kuvertë

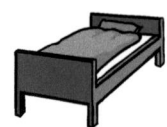

la cama
krevat

la escoba
fshesë dore

el balde
kovë

el interruptor
çelës

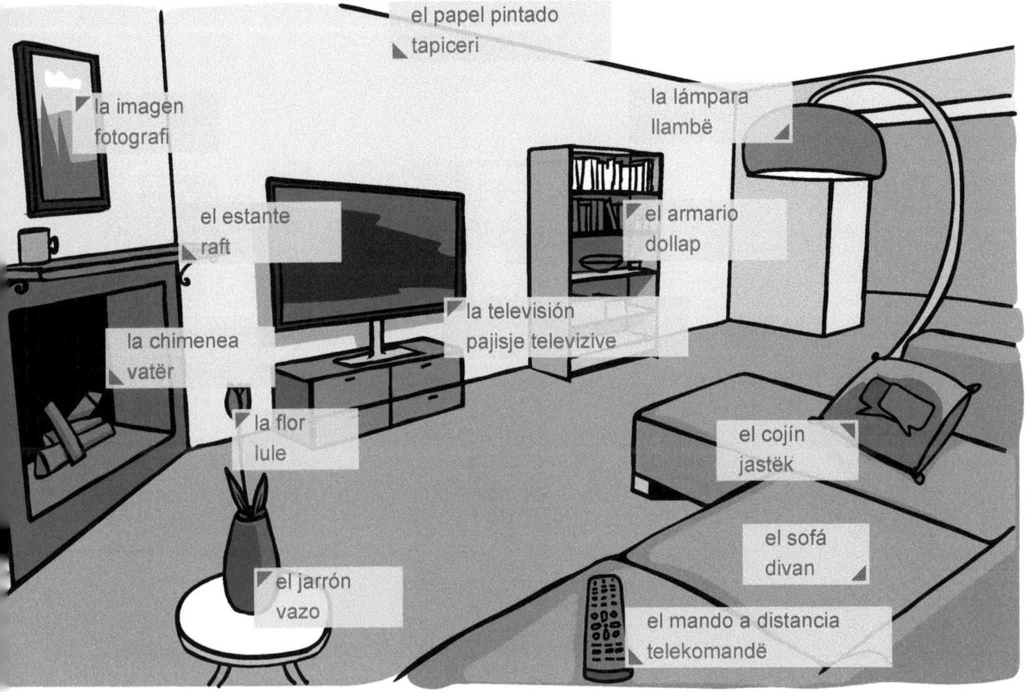

el papel pintado
tapiceri

la imagen
fotografi

la lámpara
llambë

el estante
raft

el armario
dollap

la televisión
pajisje televizive

la chimenea
vatër

la flor
lule

el cojín
jastëk

el sofá
divan

el jarrón
vazo

el mando a distancia
telekomandë

la alfombra
qilim

la cortina
perde

la mesa
tavolinë

la silla
karrige

el mecedora
karrige lëkundëse

la butaca
kolltuk

el libro

libri

la manta

batanije

la decoración

zbukurime

la leña

dru zjarri

la película

film

el equipo de música

stereo

la llave

çelës

el periódico

gazetë

la pintura

pikturë

el póster

afishe

la radio

radio

el cuaderno

bllok shënimesh

la aspiradora

fshesë me korent

el cactus

kaktus

la vela

qiri

la sala - dhomë ndenjeje

la cocina
kuzhinë

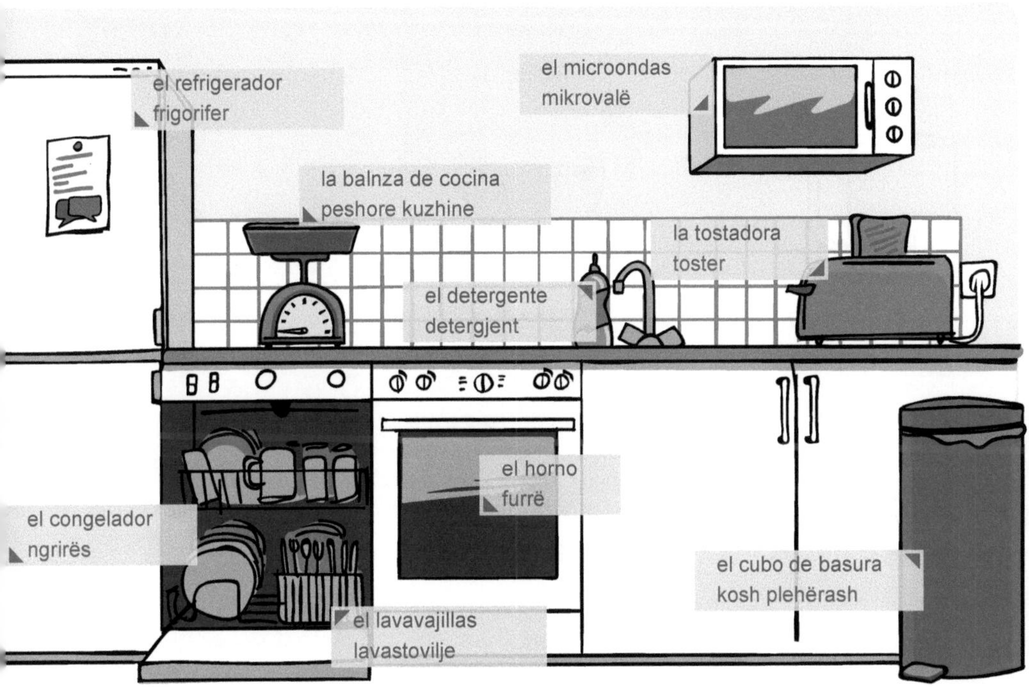

el refrigerador
frigorifer
el microondas
mikrovalë
la balnza de cocina
peshore kuzhine
la tostadora
toster
el detergente
detergjent
el horno
furrë
el congelador
ngrirës
el cubo de basura
kosh plehërash
el lavavajillas
lavastovilje

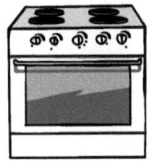

la olla a presión

sobë

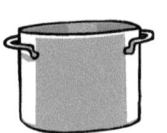

la olla

tenxhere

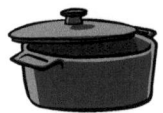

la olla de hierro fundido

tenxhere me kapak

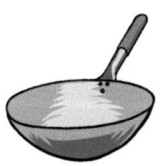

el wok

tigan special (Wok)

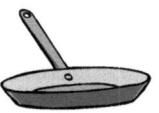

la cazuela

tigan

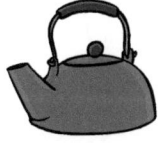

el hervidor

çajnik

la vaporera

tenxhere me avull

la chapa de horno

tavë pjekjeje

la vajilla

enë

la taza

filxhan

el tazón

tas

los palillos

shkopinj

el cucharón

garuzhde

la espumadera

spatul

el batidor

tel kuzhine

el colador

kulluese

el cedazo

sitë

el rallador

rende

el mortero

havan

la barbacoa

skarë

la hoguera

zjarr

la tabla de picar

dërrasë për prerje

el rodillo

okllai

el sacacorchos

heqëse tapash

la lata

kanaçe

el abrelatas

hapëse kanaçeje

el agarrador

rrobë për të kapur tenxheren

el lavabo

lavaman

el cepillo

furçë

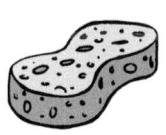

la esponja

sfungjer

la batidora

përzjerës

el congelador

ngrirës

el biberón

biberon për lëngje

el grifo

rubinet

el cuarto de baño

tualet

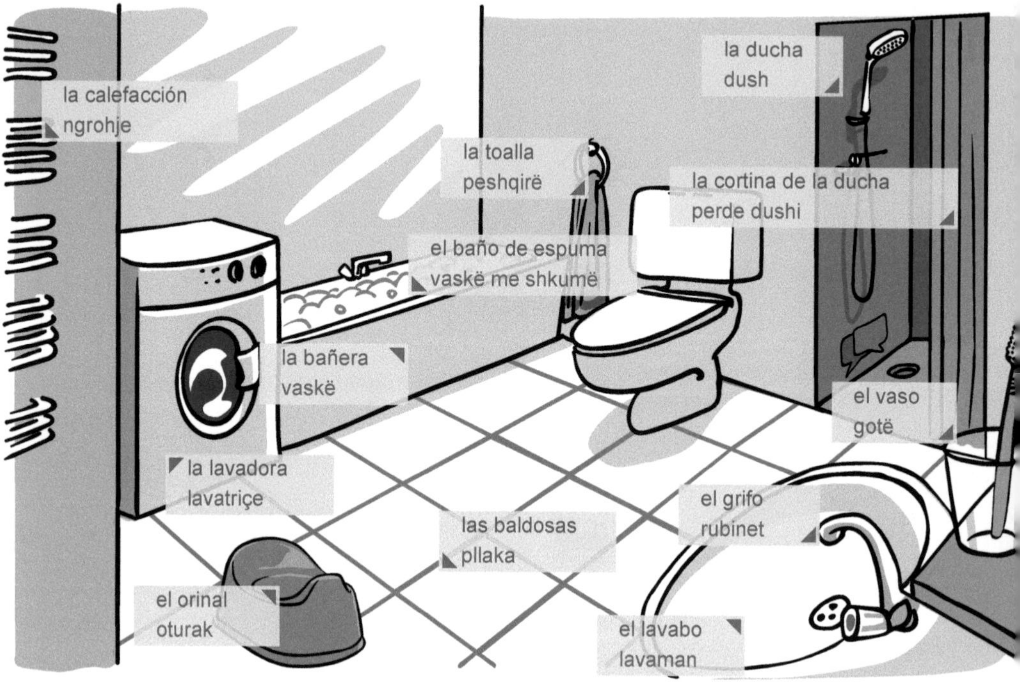

la ducha
dush
la calefacción
ngrohje
la toalla
peshqirë
la cortina de la ducha
perde dushi
el baño de espuma
vaskë me shkumë
la bañera
vaskë
el vaso
gotë
la lavadora
lavatriçe
el grifo
rubinet
las baldosas
pllaka
el orinal
oturak
el lavabo
lavaman

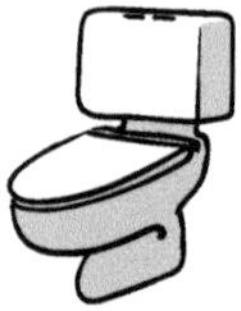

el inodoro
tualet

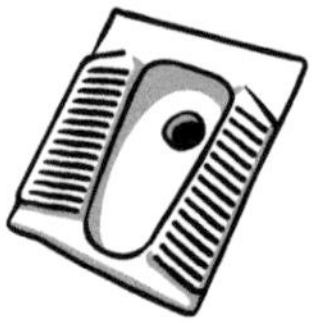

el inodoro rústico
WC e sheshtë

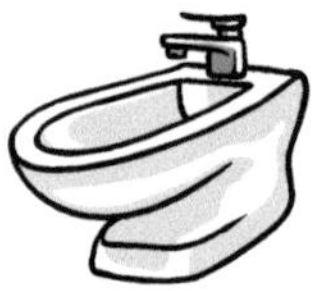

el bidé
bide

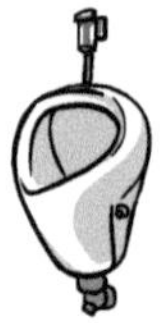

el urinario
tualet publik

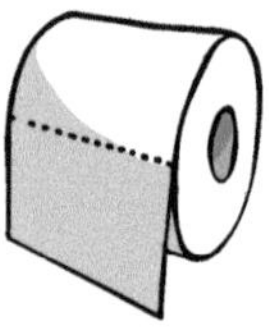

el papel higiénico
letër higjienike

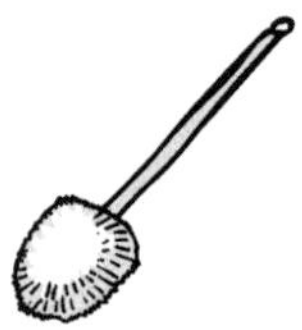

la escobilla del váter
furçe për WC

el cepillo de dientes

furçë dhëmbësh

la pasta de dientes

pastë dhëmbësh

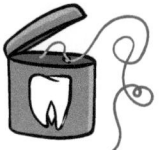

el hilo dental

fije dentare

lavar

laj

la ducha de mano

dorezë dushi

la ducha íntima

larës për zonën intime

la pila

legen

el cepillo de espalda

furçë për masazh shpine

el jabón

sapun

el gel de ducha

shampo trupi

el champú

shampo

la toallita

leckë pastruese

el desagüe

kullues

la crema

krem

el desodorante

antidjersë

el cuarto de baño - tualet

el espejo
······
pasqyrë

el espejo de tocador
······
pasqyrë dore

la maquinilla de afeitar
······
brisk rroje

la espuma de afeitar
······
shkumë rroje

la loción postafeitado
······
locion pas rrojes

el peine
······
krehër

el cepillo
······
furçë

el secador
······
tharëse flokësh

la laca
······
llak për flokët

el maquillaje
······
grim

el pintalabios
······
buzëkuq

el pintauñas
······
manikyr

el algodón
······
mbushje pambuku

el cortauñas
······
gërshërë për thonj

el perfume
······
parfum

el estuche de viaje

antë për sendet personale

la banqueta

Stol

la balanza

peshore

el albornoz

robëdëshambër

los guantes de goma

dorashka gome

el tampón

tampon

la compresa

peceta higjienike

el inodoro químico

tualet I lëvizshëm

la habitación de los niños

dhomë fëmijësh

el despertador
orë me zile
el peluche
lodra me pellushë
el coche de juguete
makinë lodër
el sonajero
rraketake
la casa de muñecas
shtëpi kukullash
el regalo
dhuratë

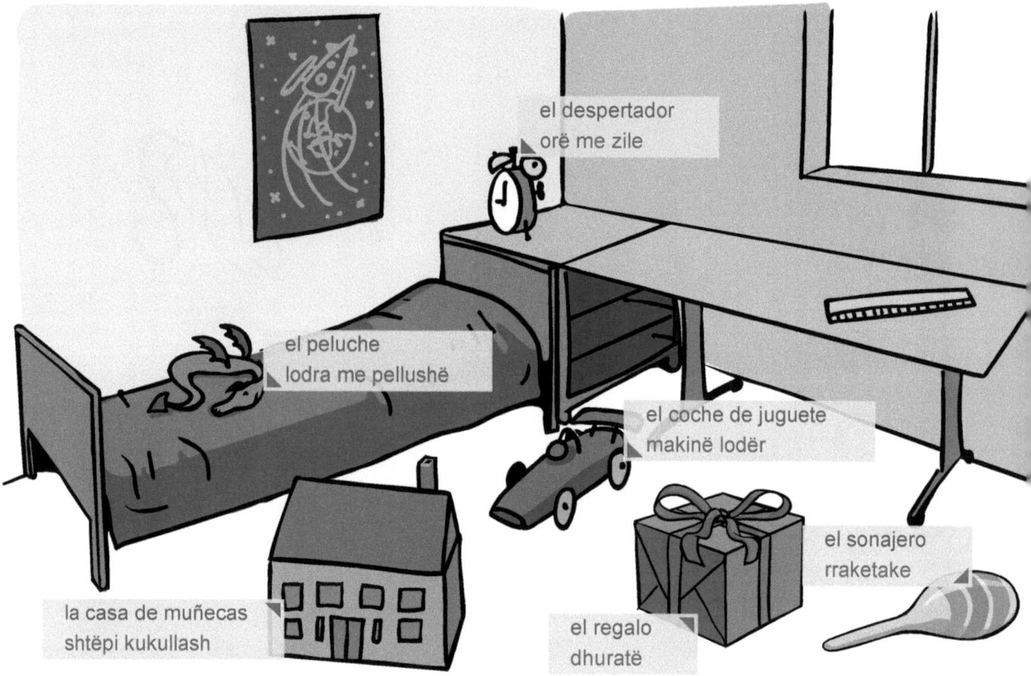

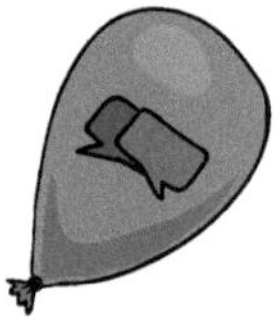

el globo

tollumbace

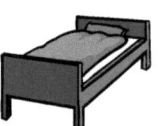

la cama

krevat

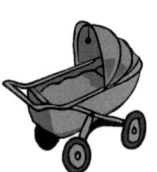

el coche de niño

karrocë fëmijësh

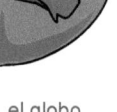

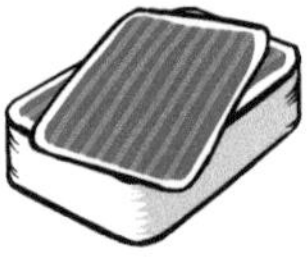

los naipes

lojë me letra

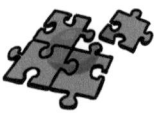

el puzle

bashkim pjesësh me figura

SUPER
MEGA

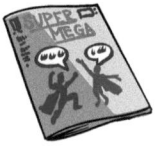

el tebeo

komik

las piezas de lego

formuese lodër

los bloques de juguete

kuba plastikë

la figura de acción

lodra

el bodi (de bebé)

badi

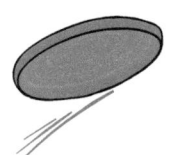

el frisbee

frizbi

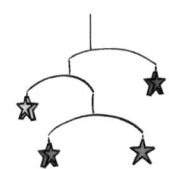

el colgador móvil para bebés

lodra të varura tek krevati i fëmijëve

el juego de mesa

tavolinë lojërash

los dados

zare

el circuito de tren eléctrico

model treni

el maniquí

biberon

la fiesta

festë

el álbum de fotos

libër me ilustrime

la pelota

top

la muñeca

kukull

jugar

luaj

el cajón de arena

grumbull rëre

el columpio

kolovarëse

los juguetes

lodra

la videoconsola

leva për lojra video

el triciclo

triçikël

el oso de peluche

arush prej pellushi

la guardarropa

garderobë

la ropa

veshje

los calcetines

çorape

las medias

çorape të gjata

los leotardos

geta

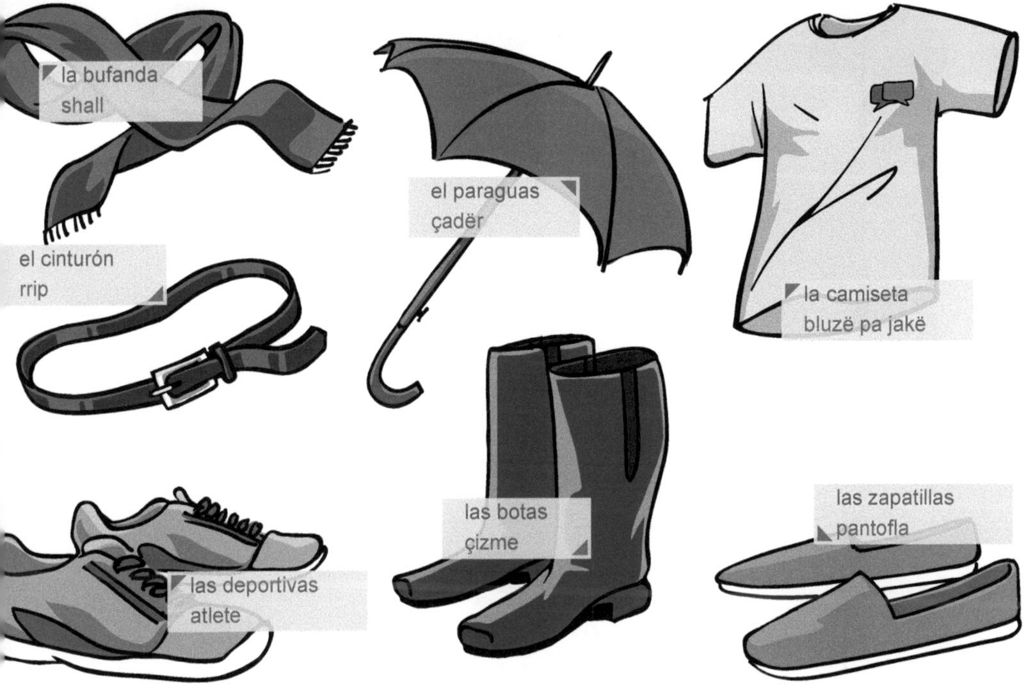

la bufanda
shall

el cinturón
rrip

el paraguas
çadër

la camiseta
bluzë pa jakë

las deportivas
atlete

las botas
çizme

las zapatillas
pantofla

las sandalias
sandale

los zapatos
këpucë

las botas de goma
çizme llastiku

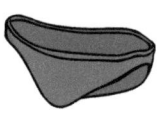
el slip
të mbathura

el sostén
reçipeta

el chaleco
kanotierë

el bodi

trup

los pantalones cortos

pantallona

los vaqueros

xhinse

la falda

fund

la blusa

bluzë

la camisa

këmishë

el jersey

pulovër

el suéter

triko

el blazer

xhaketë

la chaqueta

xhaketë

el abrigo

pallto

la gabardina

mushama shiu

el traje

kostum

el vestido

fustan

el vestido de novia

fustan nusërie

el traje

kostum

el camisón

këmishë nate

el pijama

pizhama

el sati

sari (veshje tradicionale indiane)

el bandana

shami koke

el turbante

çallmë

la burka

veshje për femrat e besimit musliman

el caftán

kaftan (lloj veshjeje tradicionale)

la abaya

ferexhe

el traje de baño

kostum banje

el bañador

rroba banje

los pantalones cortos

pantallona të shkurtra

el chándal

tuta sporti

el delantal

përparëse

los guantes

dorashka

el botón

kopsë

las gafas

syze

el brazalete

byzylyk

el collar

gjerdan

el anillo

unazë

el pendiente

vath

la gorra

kapuç

la percha

varëse për pallto

el sombrero

kapele

la corbata

kravatë

la cremallera

zinxhir

el casco

helmetë

los tirantes

tiranda

el uniforme

uniformë shkolle

el uniforme

uniformë

el babero

gushore

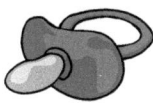

el maniquí

biberon

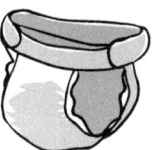

el pañal

pelenë

la oficina
zyrë

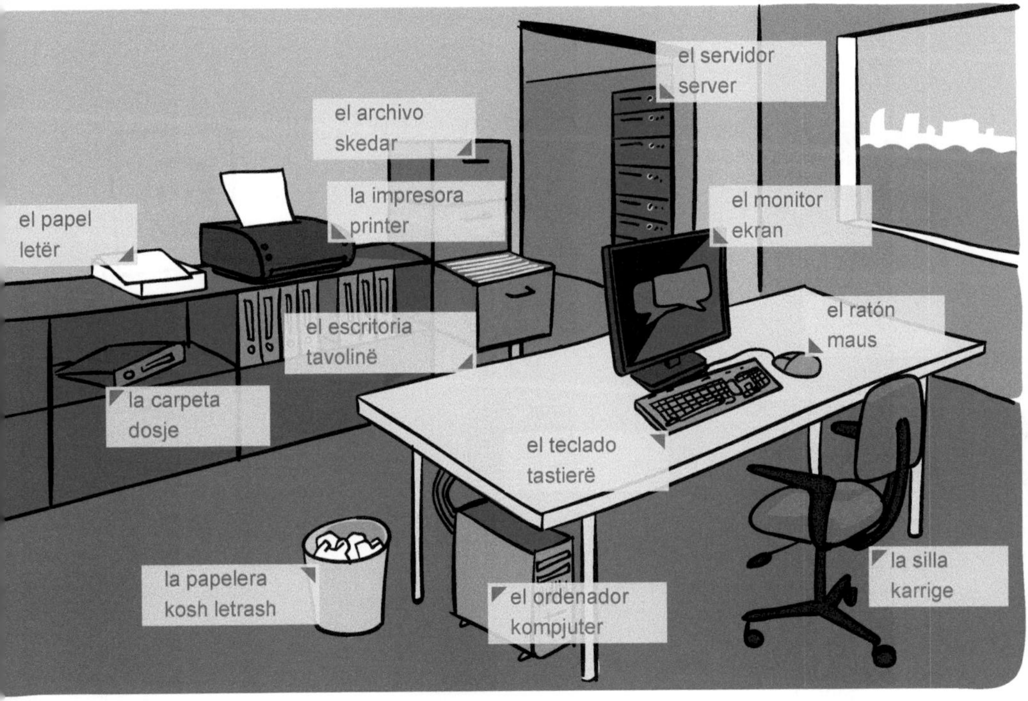

el servidor
server

el archivo
skedar

la impresora
printer

el papel
letër

el monitor
ekran

el escritoria
tavolinë

el ratón
maus

la carpeta
dosje

el teclado
tastierë

la papelera
kosh letrash

la silla
karrige

el ordenador
kompjuter

la taza de café

filxhan kafeje

la calculadora

makinë llogaritëse

el internet

internet

el portátil

kompjuter portativ

la carta

letër

el mensaje

mesazh

el móvil

telefon

la red

rrjet

la fotocopiadora

fotokopje

el software

program

el teléfono

telefon

la toma de corriente

prizë

el fax

pajisje faksi

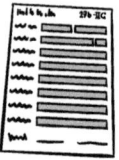

el formulario

formular

el documento

dokument

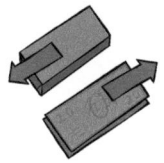

comprar

blej

pagar

paguaj

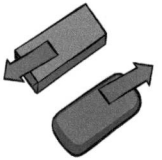

comerciar

tregtoj

el dinero

para

el dólar

dollar

el euro

euro

el yen

jen

el rublo

rubla

el franco suizo

franga zvicerane

el renminbi yuan

juani kinez

la rupia

rupje

el cajero automático

bankomat

la oficina de cambio de
divisas
pikë këmbimi valutor

el oro

ar

la plata

argjend

el petróleo

nafta

la energía

energji

el precio

çmim

el contrato

kontratë

el impuesto

taksë

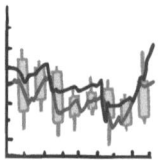

la acción

aksione

trabajar

punoj

el empleador

punonjës

el empleador

punëdhënës

la fábrica

fabrikë

la tienda de campaña

dyqan

los oficios
profesionet

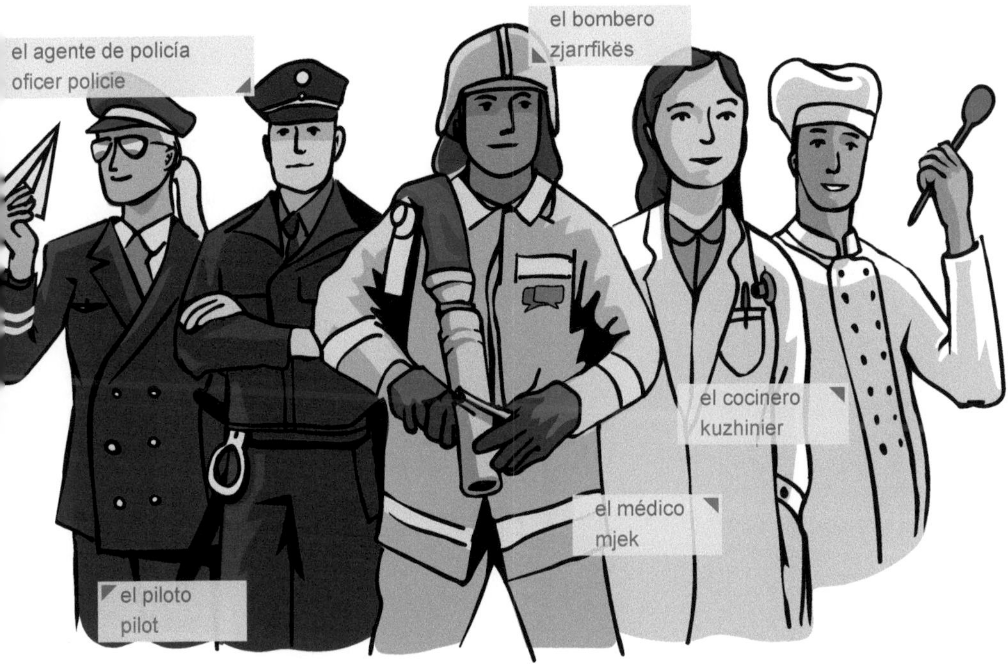

el agente de policía
oficer policie
el bombero
zjarrfikës
el cocinero
kuzhinier
el médico
mjek
el piloto
pilot

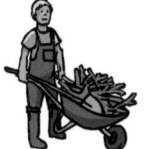

el jardinero
kopshtar

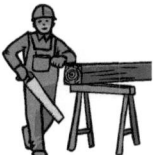

el carpintero
marangoz

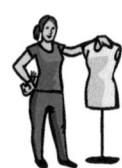

la costurera
rrobaqepëse

el juez
gjykatës

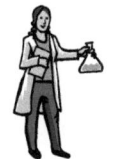

el farmacéutico
kimist

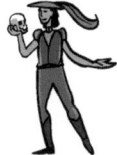

el actor
aktor

el conductor de autobús

shofer autobuzi

el taxista

taksist

el pescador

peshkatar

la señora de la limpieza

pastruese

el techador

riparues çatish

el camarero

kamarier

el cazador

gjuetar

el pintor

piktor

el panadero

furrxhi

el electricista

elektriçist

el obrero

ndërtues

el ingeniero

inxhinier

el carnicero

kasap

el fontanero

hidraulik

el cartero

postieri

el soldado

ushtar

el arquitecto

arkitekt

el cajero

arkëtar

el florista

luleshitës

el peluquero

berber

el revisor

kontrollor

el mecánico

mekanik

el capitán

kapiten

el dentista

dentist

el científico

shkencëtar

el rabino

rabin

el imán

imam

el monje

murg

el sacerdote

klerik

las herramientas
mjete

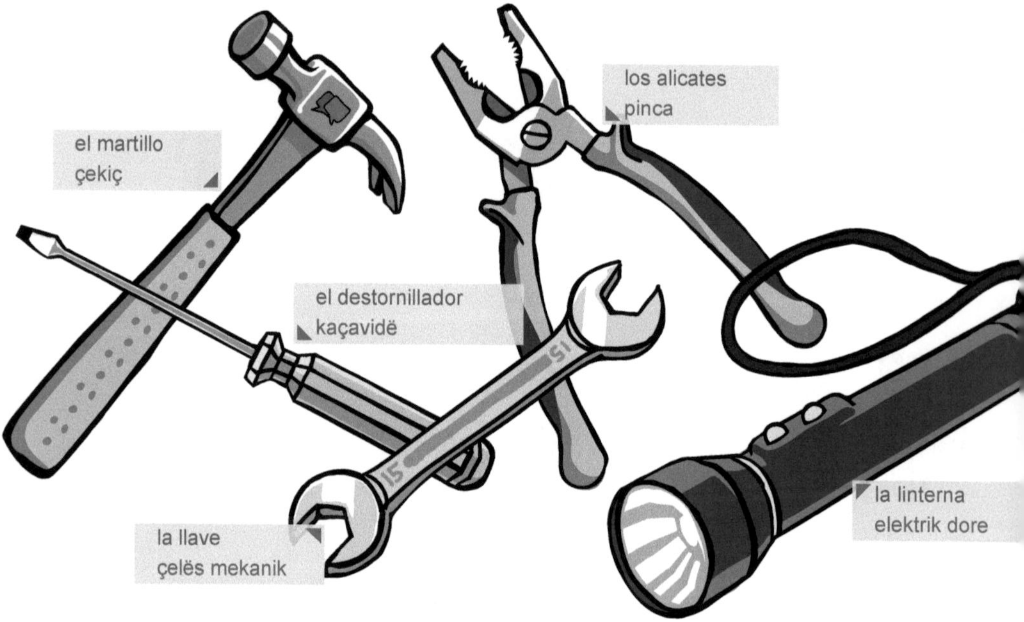
los alicates
pinca
el martillo
çekiç
el destornillador
kaçavidë
la llave
çelës mekanik
la linterna
elektrik dore

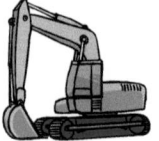

la excavadora

ekskavator

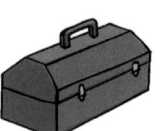

la caja de herramientas

kuti veglash

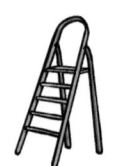

la escalera de mano

shkallë

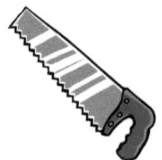

la sierra

sharrë

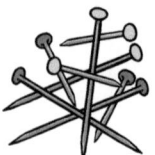

los clavos

gozhdë

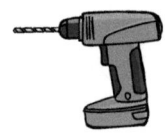

el taladro

trapan

reparar
riparoj

la pala
lopatë

¡Maldita sea!
Dreq!

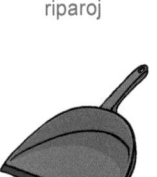

el recogedor
kaci

el bote de pintura
kuti boje

los tornillos
vidhë

los instrumentos musicales
instrumenta muzikorë

el altavoz
altoparlant

la batería
bateri

la guitarra
kitare

el contrabajo
kontrabas

la trompeta
trompë

el piano

piano

el violín

violinë

bajo

bas

los timbales

tamburë

el tambor

daulle

el teclado

tastierë pianoje

el saxofón

saksofon

la flauta

flaut

el micrófono

mikrofon

el zoo

kopsht zoologjik

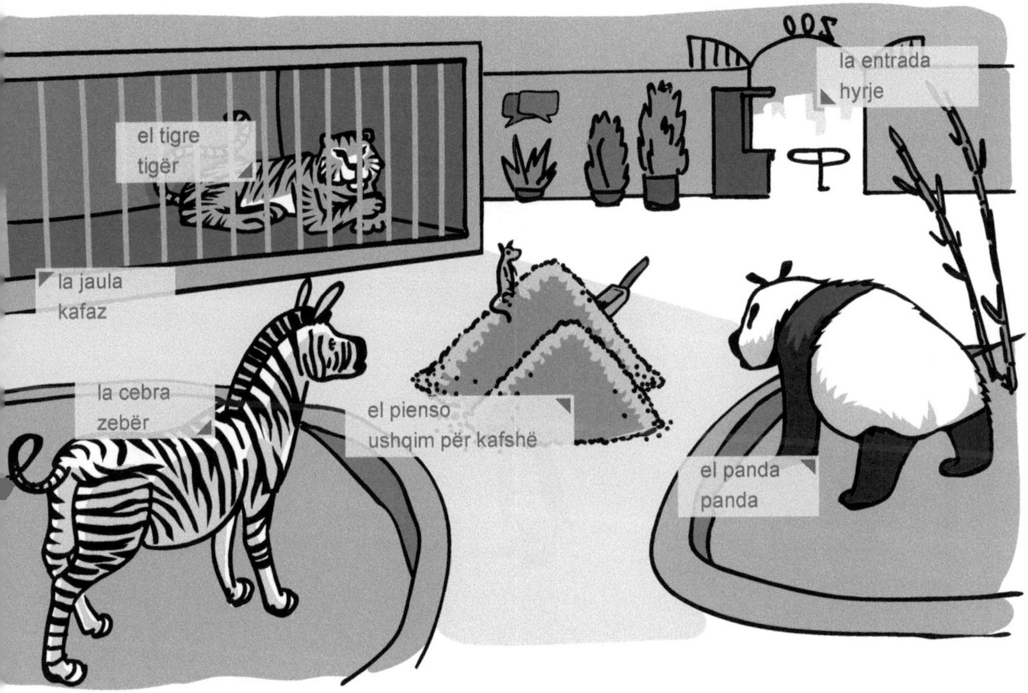
la entrada
hyrje
el tigre
tigër
la jaula
kafaz
la cebra
zebër
el pienso
ushqim për kafshë
el panda
panda

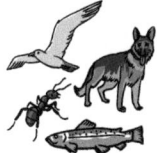

los animales

kafshë

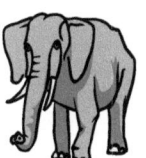

el elefante

elefant

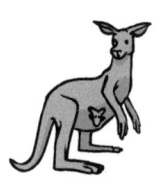

el canguro

kangur

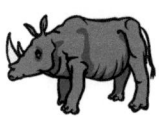

el rinoceronte

rinoceront

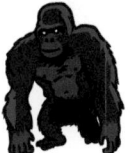

el gorila

gorillë

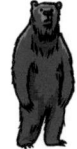

el oso

ari

el camello

deve

el avestruz

struc

el león

luan

el mono

majmun

el flamingo

flamingo

el loro

papagall

el oso polar

ari polar

el pingüino

pinguin

el tiburón

peshkaqen

el pavo real

pallua

la serpiente

gjarpër

el cocodrilo

krokodil

el guardián de zoológico

punonjës i kopshtit zoologjik

la foca

fokë

el jaguar

xhaguar

el poni

poni

el leopardo

leopard

el hipopótamo

hipopotam

la jirafa

gjirafë

el águila

shqiponjë

el jabalí

derr i egër

el pescado

peshk

la tortuga

breshkë

la morsa

lopë deti

el zorro

dhelpër

la gacela

gazelë

el fútbol americano
futboll amerikan

el ciclismo
çiklizëm

el tenis
tenis

el baloncesto
basketboll

la natación
not

el boxeo
boks

el hockey sobre hielo
hokej mbi akull

el fútbol
futboll

el bádminton
badminton

el atletismo
atletikë

el balonmano
hendboll

el esquí
ski

el polo
polo

saltar
hidhem

reír
qesh

abrazar
përqafoj

caminar
eci

cantar
këndoj

soñar
ëndërroj

rezar
lutem

besar
puth

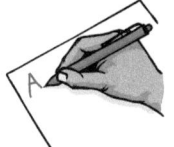

escribir

shkruaj

dibujar

vizatoj

mostrar

tregoj

empujar

shtyj

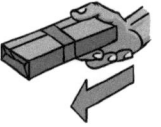

dar

jap

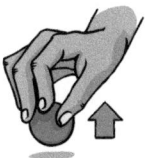

tomar

marr

tener
kam

hacer
bëj

ser
jam

estar de pie
qëndroj

correr
vrapoj

tirar
tërheq

tirar
hedh

caer
bie

yacer
shtrihem

esperar
pres

llevar
mbaj

estar sentado
ulem

vestirse
vishem

dormir
fle

despertar
zgjohem

mirar

shikoj

llorar

qaj

acariciar

përkëdhel

peinar

kreh

hablar

bisedoj

entender

kuptoj

preguntar

kërkoj

escuchar

dëgjoj

beber

pi

comer

ha

ordenar

sistemoj

amar

dashuroj

cocinar

gatuaj

conducir

drejtoj makinën

volar

fluturoj

navegar

lundroj

calcular

llogaris

leer

lexoj

aprender

mësoj

trabajar

punoj

casarse

martohem

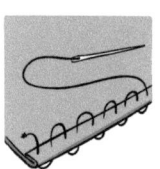

coser

qep

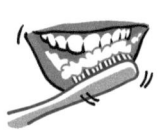

cepillarse los dientes

laj dhëmbët

matar

vras

fumar

tymos

enviar

dërgoj

la familia
familje

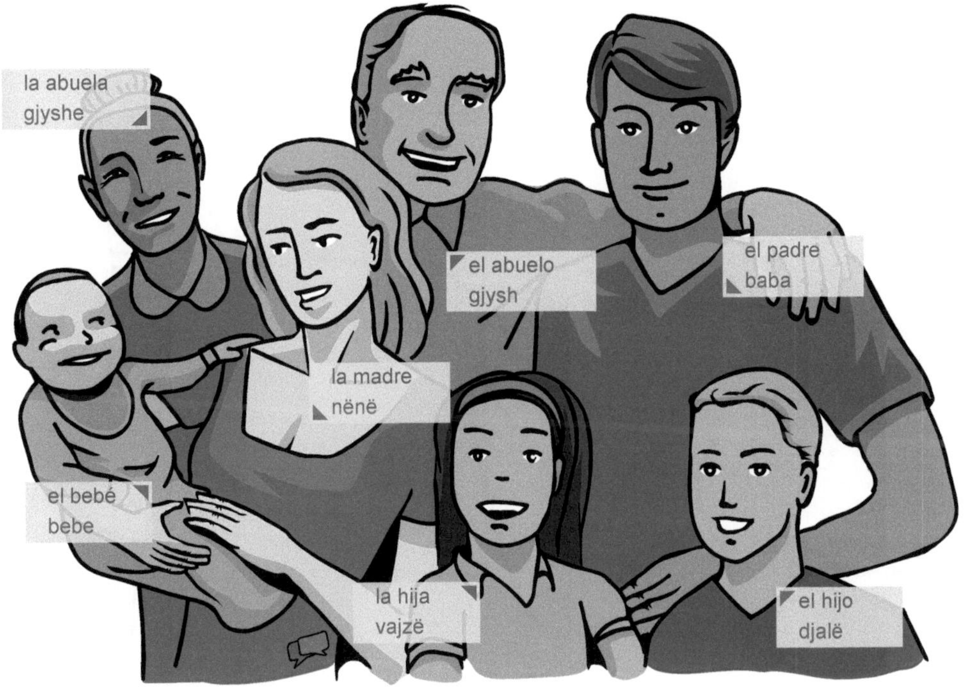
la abuela
gjyshe
el abuelo
gjysh
el padre
baba
la madre
nënë
el bebé
bebe
la hija
vajzë
el hijo
djalë

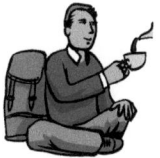

el invitado

mysafir

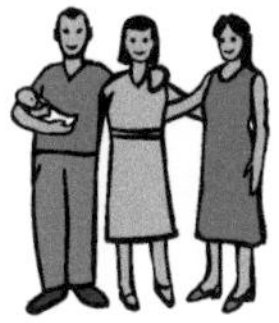

la tía

teze, hallë

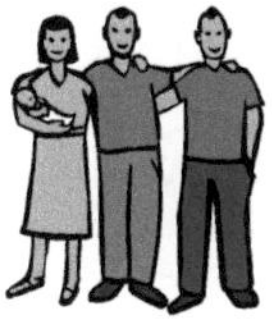

el tío

dajë, xhaxha

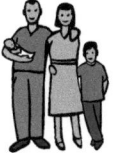

el hermano

vëlla

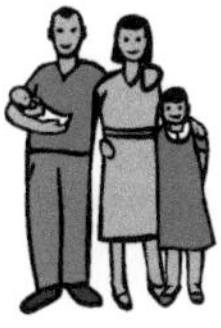

la hermana

motër

el cuerpo

trupi

la frente
balli
el ojo
syri
el hombro
shpatulla
el dedo
gishti
la cara
fytyra
la barbilla
mjekra
la mano
dora
la pierna
këmba
el pecho
krahërori
el brazo
krahu

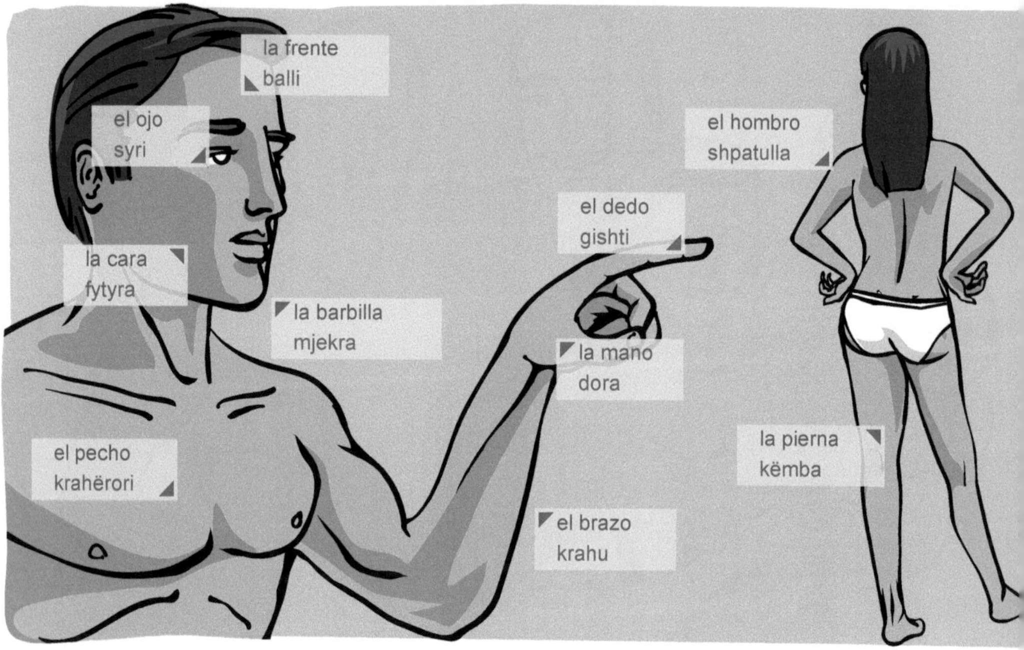

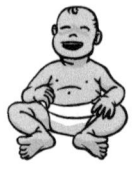

el bebé

bebe

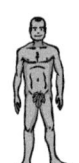

el hombre

burrë

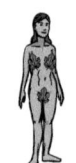

la mujer

grua

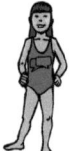

la chica

vajzë

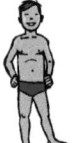

el chico

djalë

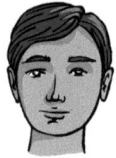

la cabeza

koka

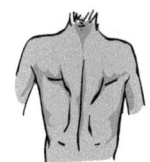

la espalda

shpina

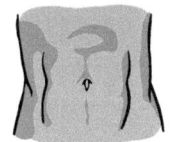

el vientre

barku

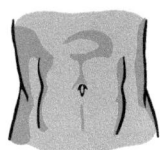

el ombligo

kërthiza

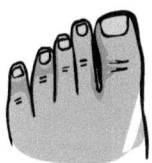

el dedo del pie

gisht këmbe

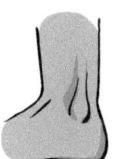

el talón

Thembra

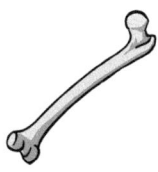

el hueso

kockë

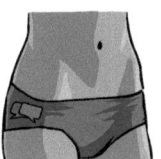

la cadera

legeni

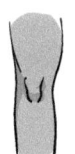

la rodilla

gjuri

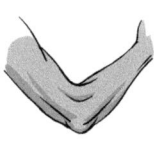

el codo

bërryli

la nariz

hunda

el trasero

vithe

la piel

lëkura

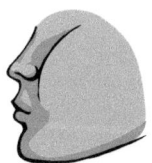

la mejilla

faqja

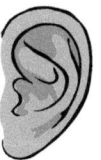

el oído

veshi

el labio

buza

el cuerpo - trupi

la boca

goja

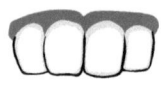

el diente

dhëmbët

la lengua

gjuha

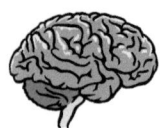

el cerebro

truri

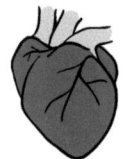

el corazón

zemra

el músculo

muskul

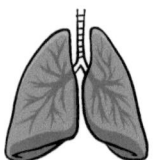

el pulmón

mushkëria

el hígado

mëlçia

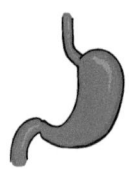

el estómago

stomaku

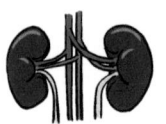

los riñones

veshka

el sexo

seks

el condón

prezervativ

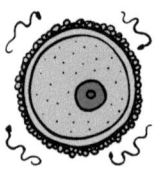

el ovario

veza

el semen

sperma

el embarazo

shtatëzani

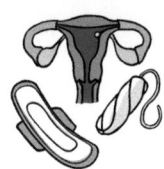

la menstruación

menstruacione

la vagina

vagina

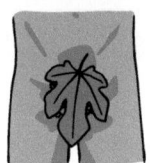

el pene

penis

la ceja

vetulla

el pelo

flokët

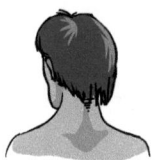

el cuello

qafa

el hospital

spital

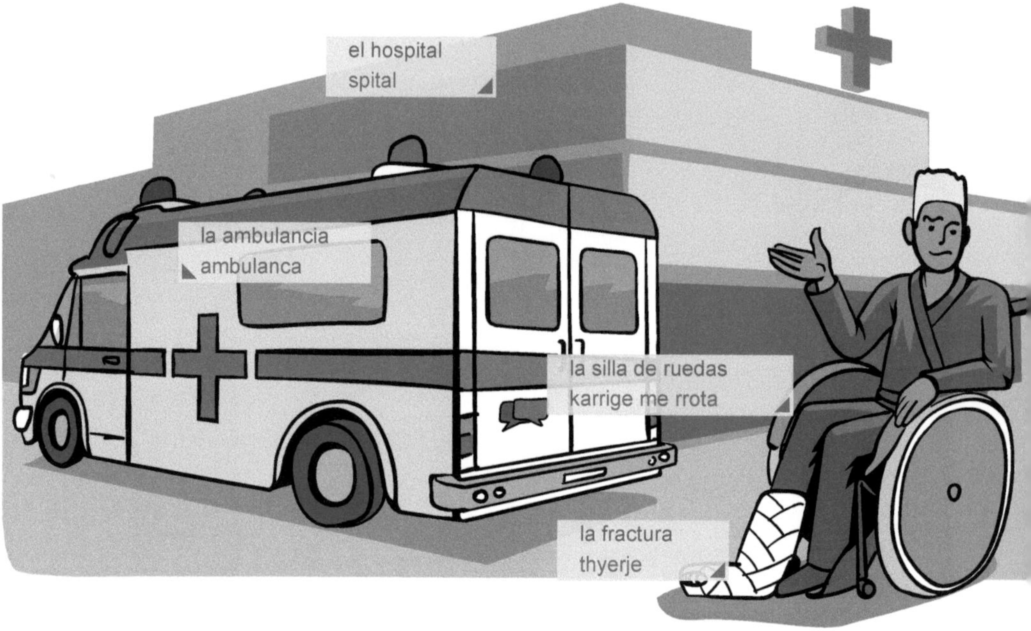

el hospital
spital
la ambulancia
ambulanca
la silla de ruedas
karrige me rrota
la fractura
thyerje

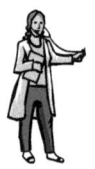

el médico

mjek

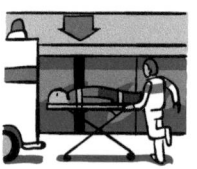

la sala de urgencias

sallë urgjencash

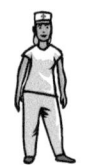

la enfermera

infermiere

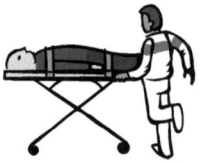

la urgencia

emergjencë

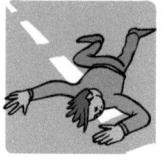

inconsciente

i pandërgjegjshëm

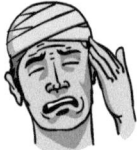

el dolor

dhimbje

la lesión

dëmtim

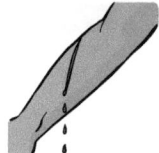

la hemorragia

gjakosje

el infarto

infarkt

el ictus

goditje

la alergia

alergji

la tos

kolla

la fiebre

ethe

la gripe

grip

la diarrea

diarre

el dolor de cabeza

dhimbje koke

el cáncer

kancer

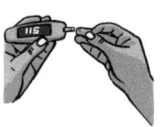

la diabetes

diabet

el cirujano

kirurg

el bisturí

bisturi

la operación

operacion

TAC

CT (skaner)

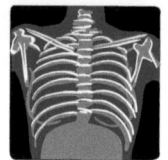

los rayos x

radiografi

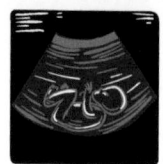

el ultrasonido

ultratingull

la mascarilla

maskë fytyre

la enfermedad

sëmundje

la sala de espera

dhomë pritjeje

la muleta

paterica

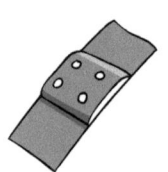

la tirita

leukoplast

la venda

fasho

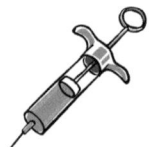

la inyección

injeksion

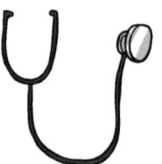

el estetoscopio

stetoskop

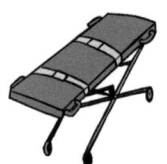

la camilla

barelë

el termómetro

termometër

el nacimiento

lindje

el sobrepeso

mbipeshë

el audífono

aparat dëgjimi

el desinfectante

dezinfektant

la infección

infeksion

el virus

virus

VIH / SIDA

HIV / AIDS

la medicina

mjekësi, mjekim

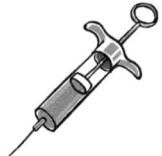

la vacunación

vaksinim

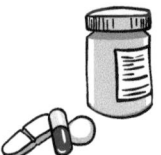

las tabletas

tableta

la pastilla

pilulë

la llamada de urgencia

telefonatë emergjence

el tensiómetro

aparat tensioni

enfermo / sano

i sëmurë / i shëndetshëm

¡Socorro!

Ndihmë!

la alarma

alarm

el asalto

sulm

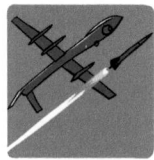

el ataque

atak

el peligro

rrezik

la salida de emergencia

dalje emergjence

¡Fuego!

Zjarr!

el extintor de incendios

fikëse zjarri

el accidente

aksident

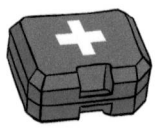

el botiquín de primeros
auxilios

kuti e ndimës së shpejtë

SOS

SOS

la policía

policia

Europa

Europa

Norteamérica

Amerika e Veriut

Sudamérica

Amerika e Jugut

África

Afrika

Asia

Azia

Australia

Australia

el atlántico

Atlantiku

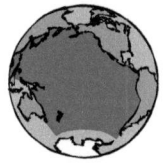

el Pacífico

Paqësori

el Océano Índico

Oqeani Indian

el Océano Antártico

Oqeani Antarktik

el Océano Ártico

Oqeani Arktik

el polo norte

Poli i veriut

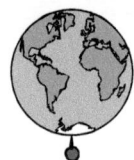

el polo sur

Poli i Jugut

La Antártida

Antarktida

la tierra

toka

la tierra

tokë

el mar

det

la isla

ishull

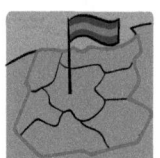

la nación

komb

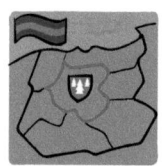

el estado

shtet

la esfera

fusha e orës

la manecilla de las horas

akrepi i orës

el minutero

akrepi i minutave

el segundero

akrepi i sekondave

¿Qué hora es?

Sa është ora?

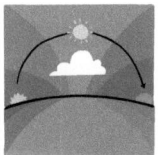

el día

ditë

el tiempo

kohë

ahora

tani

el reloj digital

orë dixhitale

el minuto

minutë

la hora

orë

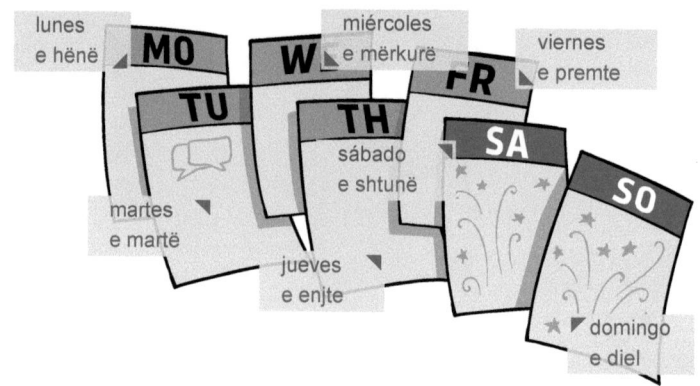

lunes
e hënë

miércoles
e mërkurë

viernes
e premte

martes
e martë

sábado
e shtunë

jueves
e enjte

domingo
e diel

ayer

dje

hoy

sot

mañana

nesër

la mañana

mëngjes

el mediodía

mesditë

la tarde

mbrëmje

MO	TU	WE	TH	FR	SA	SU
1	2	3	4	5	6	7
8	9	10	11	12	13	14
15	16	17	18	19	20	21
22	23	24	25	26	27	28
29	30	31	1	2	3	4

los días laborables

ditë pune

MO	TU	WE	TH	FR	SA	SU
1	2	3	4	5	6	7
8	9	10	11	12	13	14
15	16	17	18	19	20	21
22	23	24	25	26	27	28
29	30	31	1	2	3	4

el fin de semana

fundjavë

el año
vit

la lluvia
shi
el arcoíris
ylber
la nieve
borë
el viento
erë
la primavera
pranverë
el otoño
vjeshtë
el verano
verë
el invierno
dimër

4.APRIL 11°
5.APRIL 4°
6.APRIL 13°
7.APRIL 8°
8.APRIL 10°

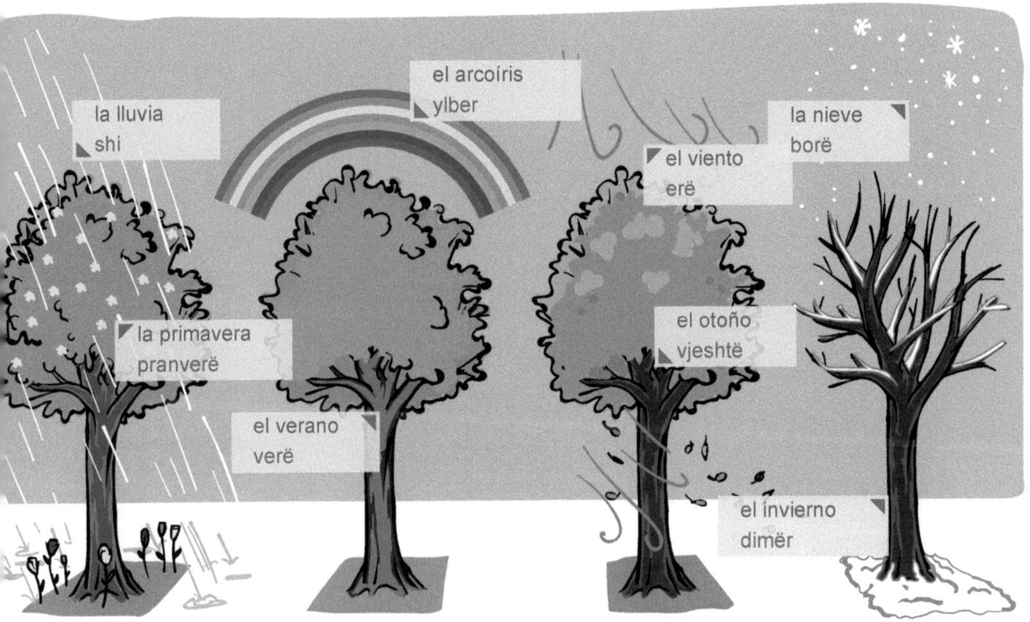

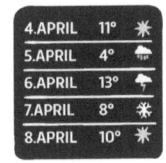

el pronóstico del tiempo

parashikimi i motit

F
C
120
90
60
30
0
-30
40
30
20
10
0
-10
-20

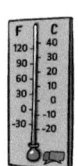

el termómetro

termometër

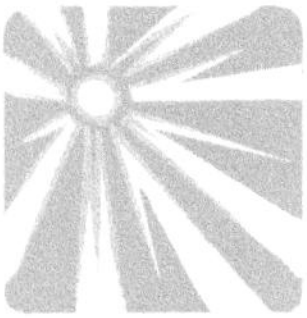

el sol

ndriçim dielli

la nube

re

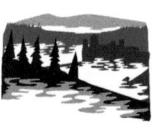

la niebla

mjegull

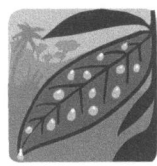

la humedad

lagështi

el rayo

vetëtima

el trueno

gjëmim

la tormenta

stuhi

el granizo

breshër

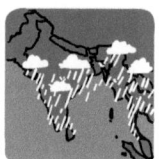

el monzón

muson

la inundación

përmbytje

el hielo

akull

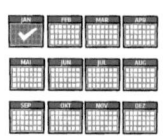

enero

janar

febrero

shkurt

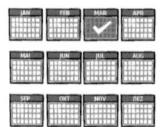

marzo

mars

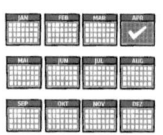

abril

prill

mayo

maj

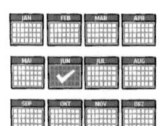

junio

qershor

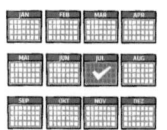

julio

korrik

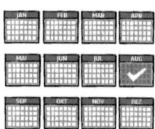

agosto

gusht

el año - vit

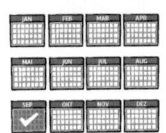

septiembre

shtator

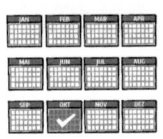

octubre

tetor

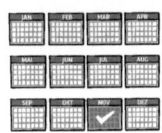

noviembre

nëntor

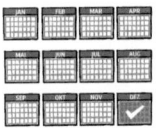

diciembre

dhjetor

el círculo

rreth

el cuadrado

katror

el rectángulo

drejtkëndësh

el triángulo

trekëndësh

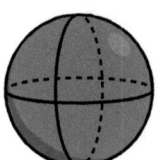

la esfera

sferë

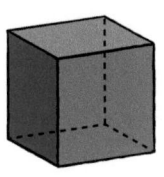

el cubo

kub

blanco

e bardhë

amarillo

e verdhë

anaranjado

portokalli

rosa

rozë

rojo

e kuqe

morado

vjollcë

azul

blu

verde

e gjelbër

marrón

kafe

gris

gri

negro

e zezë

mucho / poco

shumë / pak

enojado / tranquilo

i nevrikosur / i qetë

bonito / feo

i bukur / i shëmtuar

principio / fin

fillim / fund

grande / pequeño

i madh / i vogël

claro / oscuro

i ndritshëm / i errët

el hermano / la hermana

vëlla / motër

limpio / sucio

e pastër / e pistë

completo / incompleto

e plotë / jo e plotë

el día / la noche

ditë / natë

muerto / vivo

gjallë / vdekur

ancho / estrecho

i gjerë / i ngushtë

comestible / no comestible

i ngrënshëm / i pangrënshëm

malo / amable

i keq / i këndshëm

entusiasmado / aburrido

i lumtur / i mërzitur

gordo / delgado

i shëndoshë / i dobët

primero / último

e para / e fundit

el amigo / el enemigo

mik / armik

lleno / vacío

plot / bosh

duro / blando

e fortë / e butë

pesado / ligero

e rëndë / e lehtë

el hambre / la sed

uri / etje

enfermo / sano

i sëmurë / i shëndetshëm

ilegal / legal

e paligjshme / e ligjshme

inteligente / tonto

i zgjuar / budalla

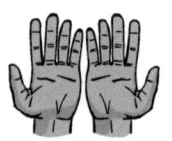

izquierda / derecha

majtas / djathtas

cerca / lejos

afër / larg

los opuestos - të kundërta

nuevo / usado
e re / e përdorur

nada / algo
asgjë / diçka

viejo / joven
i moshuar / i ri

encendido / apagado
ndezur / fikur

abierto / cerrado
hapur / mbyllur

silencioso / ruidoso
i qetë / i zhurmshëm

rico / pobre
i pasur / i varfër

correcto / incorrecto
e drejtë / e gabuar

áspero / suave
i ashpër / i butë

triste / contento
i mërzitur / i lumtur

corto / largo
i shkurtër / i gjatë

lento / rápido
ngadalë / shpejt

húmedo / seco
i lagësht / i thatë

cálido / frío
ngrohtë / freskët

guerra / paz
luftë / paqe

0

cero

zero

1

uno

një

2

dos

dy

3

tres

tre

4

cuatro

katër

5

cinco

pesë

6

seis

gjashtë

7

siete

shtatë

8

ocho

tetë

9

nueve

nentë

10

diez

dhjetë

11

once

njëmbëdhjetë

12	**13**	**14**
doce	trece	catorce
dymbëdhjetë	trembëdhjetë	katërmbëdhjetë

15	**16**	**17**
quince	dieciséis	diecisiete
pesëmbëdhjetë	gjashtëmbëdhjetë	shtatëmbëdhjetë

18	**19**	**20**
dieciocho	diecinueve	veinte
tetëmbëdhjetë	nentëmbëdhjetë	njëzetë

100	**1.000**	**1.000.000**
cien	mil	el millón
qind	mijë	milion

el inglés

anglisht

el inglés americano

anglishte amerikane

el chino madarín

kinezisht mandarin

el hindi

hindi

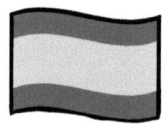

el español

spanjisht

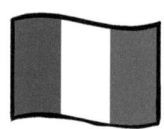

el francés

frëngjisht

el árabe

arabisht

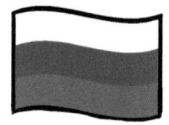

el ruso

rusisht

el portugués

portugalisht

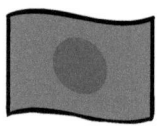

el bengalí

bengalisht

el alemán

gjermanisht

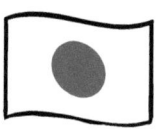

el japonés

japonisht

yo

unë

tú

ti

él / ella / ello

ai / ajo

nosotros/as

ne

vosotros/as

ju

ellos/as

ata

¿quién?

kush?

¿qué?

çfarë?

¿cómo?

si?

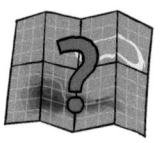

¿dónde?

ku?

¿cuándo?

kur?

el nombre

emër

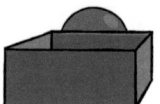

detrás
....
pas

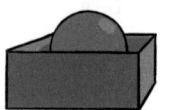

en
....
në

delante de
....
përballë

por encima de
....
sipër

sobre
....
mbi

debajo de
....
poshtë

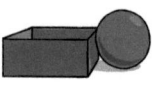

junto a
....
pranë

entre
....
midis

el lugar
....
vend